PROJET

DE

TARIF GÉNÉRAL DES DOUANES

QUESTIONNAIRE

DE LA

COMMISSION DE LA CHAMBRE DES DÉPUTES

RÉPONSES DE LA CHAMBRE DE COMMERCE

REIMS

IMPRIMERIE ET LITHOGRAPHIE F. KELLER

SUCCESSEUR DE E. LUTON

17, Rue Cérès, 17

1878

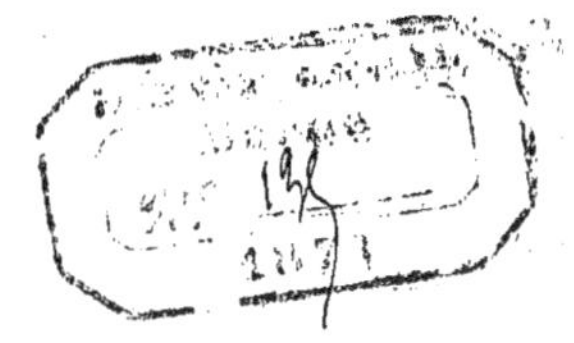

CHAMBRE DE COMMERCE DE REIMS

PROJET

DE

TARIF GÉNÉRAL DES DOUANES

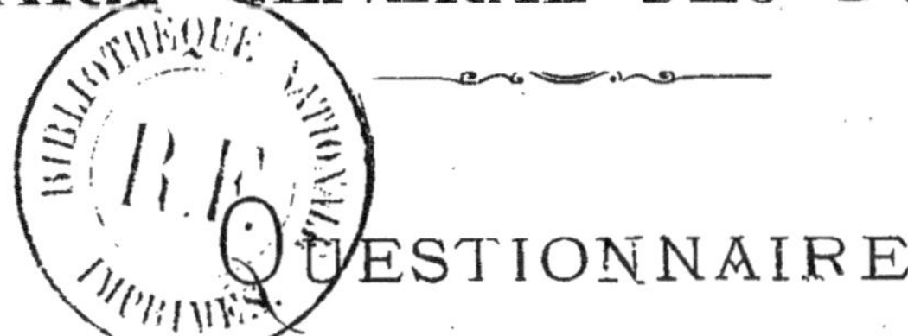

QUESTIONNAIRE

DE LA

COMMISSION DE LA CHAMBRE DES DÉPUTÉS

RÉPONSES DE LA CHAMBRE DE COMMERCE

REIMS

IMPRIMERIE ET LITHOGRAPHIE F. KELLER

17, RUE CÉRÈS, 17

1878

PROJET

DE

TARIF GÉNÉRAL DES DOUANES

Questionnaire de la Commission de la Chambre des Députés.

RÉPONSES DE LA CHAMBRE DE COMMERCE

Monsieur le Président,

Messieurs,

La Chambre de Commerce de Reims a reçu, par l'entremise de Monsieur le Ministre de l'Agriculture et du Commerce, le questionnaire que la Commission de la Chambre des députés chargée de l'examen du nouveau projet du tarif général des douanes a résolu d'adresser à tous ceux qui représentent en France, à un degré quelconque, les intérêts de l'Agriculture, du Commerce et de l'Industrie.

Nous devons tout d'abord, Messieurs, remercier la Chambre des Députés de sa sollicitude pour les intérêts si graves et si nombreux qui sont en cause.

Nous avons confiance dans sa sagesse, dans son impartialité, nous avons confiance surtout dans l'esprit libéral qui l'anime et qui lui fera discerner, au milieu des renseignements contradictoires et passionnés qui vont l'assaillir — la véritable situation économique du pays.

La Commission, nous dit M. le Président, veut une enquête sérieuse, impartiale, approfondie, mais elle estime pourtant que cette enquête, pour être efficace, doit être conduite activement et suffisamment condensée.

Nous nous efforcerons, en ce qui nous concerne, de répondre simplement et brièvement au questionnaire qui nous est soumis.

La première question est conçue en ces termes :

1° *Que pensez-vous des droits proposés par le nouveau tarif pour les articles qui vous concernent ?*

Ces droits sont-ils suffisants ?

Pourraient-ils être abaissés sans inconvénient et dans quelles limites ?

Demandez-vous qu'on les relève et dans quelles limites ?

Nous ne dirons qu'un mot de la matière première que nous mettons en œuvre.

Les laines en masse et *leurs déchets* sont exempts de droits.

Nous croyons que c'est avec raison qu'on a assimilé les blousses à la laine mère. La blousse n'est du reste autre chose que la laine courte séparée par le peignage de la laine longue et, pour être utilisée, elle doit subir les mêmes manutentions, les mêmes transformations que cette dernière ; elle est donc, en réalité, comme la laine brute, une matière première.

Les laines peignées sont frappées d'un droit de 25 francs les 100 kilos.

Ce droit qui est celui de notre tarif conventionnel actuellement en vigueur a toujours été suffisant. La supériorité du peignage français fait que nous n'importons guère que des laines peignées anglaises destinées à quelques fabrications spéciales et restreintes par conséquent.

Les droits sur les fils peignés sont aussi ceux du tarif conventionnel ; nous ne voyons aucun inconvénient dans leur application au tarif général. Notre région exporte des fils ; elle en importe bien peu et la filature peignée comme le peignage ne redoute aucune concurrence.

Les droits sur les fils cardés ont subi une légère augmentation parfaitement justifiée, car elle n'est que la réparation d'une erreur commise en 1860 au préjudice de cette industrie. Nous sommes en cela d'accord avec le Conseil supérieur du Commerce et de l'Industrie.

Les tissus de laine étrangers, dans l'ancien tarif général, étaient prohibés ou payaient des droits énormes, 240 à 600 f. par 100 kilos. Le nouveau tarif les ramène à 130, 150 et 170 f. Cette taxation nouvelle constitue, sur le tarif à réformer, un abaissement considérable. Elle descend même un peu au dessous du tarif conventionnel dont la moyenne a toujours représenté, en temps normal, 180 fr. environ soit 10 0/0 de la valeur du tissu.

La moyenne de 180 fr. à laquelle nous faisons allusion ne s'applique, dans notre pensée, qu'à nos tissus ras en laine peignée.

Selon nous elle ne doit pas dépasser 16 fr. pour les tissus cardés foulés, et 14 fr. pour les tissus cardés légèrement foulés.

Nous acceptons donc, malgré la différence signalée, les droits proposés dans le projet de tarif général, et nous n'hésiterions pas à nous imposer de plus larges sacrifices, s'il devait en résulter pour nous de plus grandes facilités d'exportation.

Il y a longtemps, en effet, que le marché intérieur ne nous suffit plus. Depuis 1860, notre industrie s'est développée dans des proportions inouies, inespérées ; peut-être même ce développement a-t-il dépassé les bornes qu'une sage prudence eût dû lui assigner. Mais comment arrêter un pareil élan, surtout quand il est favorisé par des progrès de toute sorte qui augmentent la production sans cesser de l'améliorer ?

L'industrie de la laine peignée est arrivée à dépasser de

deux cent millions la consommation intérieure. Aussi est ce par elle principalement que s'est accru le chiffre de notre exportation de tissus de laine, exportation qui s'élevait, en 1876 à trois cent seize millions de francs.

Notre industrie, Messieurs, est une de celles qui occupent le nombre le plus considérable d'ouvriers. Elle a pu, en vingt ans, par le perfectionnement de son outillage et surtout par la substitution du tissage mécanique au tissage à la main, doubler les salaires, supprimer, ou à peu près, les chômages et répandre autour d'elle un bien être exceptionnel. Nous ne craignons pas de dire qu'elle est une des sources les plus sûres et les plus abondantes du travail, de l'activité, de la richesse qu'on nous envie.

La Commission ne sera point étonnée que nous nous soyions émus des manifestations protectionnistes qui, depuis quelque temps, mettant à profit une situation tout-à-fait anormale, ont cherché toutes les occasions de se faire jour.

L'enquête à laquelle vient de procéder le Sénat n'a été qu'une longue plainte d'industries qui ne suffisent même pas au marché intérieur et qui s'évertuent néanmoins à se le réserver tout entier, nos exportations dussent-elles en souffrir. Est-ce bien là l'intérêt *vrai* du pays et ne convient-il pas de se mettre en garde contre des réclamations évidemment entachées d'exagération ?

Nous ne voudrions pas qu'on pût nous taxer, à notre tour, d'un certain égoïsme et nous reconnaissons très volontiers que certaines industries placées dans des conditions de concurrence difficiles ont besoin d'une protection spéciale ou plutôt, comme elles le disent maintenant, de droits compensateurs spéciaux ; car elles sont les premières aujourd'hui à répudier ce mot de protection qui sonne si mal depuis l'expérience de 1860. Nous admettons parfaitement des droits plus élevés que ceux qui nous concernent sur les produits similaires que redoutent ces industries. Mais ces droits existent déjà et nous demandons, au moins, qu'on ne revienne pas en arrière en les élevant et en nous suscitant des représailles que nous ne tarderions pas à regretter amèrement.

La majoration de 24 0/0, que le Gouvernement, contraire-ment à l'opinion du conseil supérieur et *à la nôtre*, vient d'appliquer à un grand nombre d'industries, nous paraît devoir donner toutes garanties aux plus timorés. Cette majoration nous est, quant à nous, complètement inutile. Elle nous serait même nuisible, si on devait tenter de la maintenir dans les négociations qui vont s'ouvrir.

Nous ne pouvons la subir que dans un tarif général et cela, parce que nous ne comprenons le tarif général que comme un maximum, un point de départ pour les traités à conclure.

Ce que nous avons dit, Messieurs, dans l'intérêt de l'industrie de la laine peignée, s'applique également à ces tissus de laine légèrement foulés, flanelles de santé, molletons, confections pour dames, draperie légère, qui se fabriquent à Reims en quantité considérable.

Quoique certains de ces articles aient trouvé, en Belgique et en Italie, une concurrence redoutable, ceux qui les produisent repoussent, avec l'industrie de la laine peignée, toute augmentation des droits actuels.

Ils se séparent entièrement, sous ce rapport, d'Elbœuf et de Sedan, dont ils sont devenus, depuis quelques années, les rivaux souvent heureux.

Nous ne saurions trop l'affirmer, Messieurs, les droits conventionnels qui régissent aujourd'hui nos relations avec l'étranger constituent une limite extrême qu'on ne peut dépasser sans nuire à nos exportations.

La Chambre aurait désiré voir disparaître le droit sur la houille en même temps qu'elle eût souhaité une réduction sur le tarif des fers. Elle s'en rapporte en ce qui touche la houille à l'appréciation de la Chambre des Députés qui devra concilier nos intérêts avec ceux du Trésor.

Elle ne peut cependant laisser passer l'argumentation de l'exposé des motifs, en faveur du maintien du droit de 1 f. 20.

La houille, dit le Gouvernement, ne sert pas uniquement à l'Industrie ; elle est employée comme moyen de chauffage et soumise, dans toutes les villes, à une taxe d'octroi.

L'argument, qu'on nous pardonne de le dire, est sans force.

Est-ce que ce sont les favorisés de la fortune ou bien le pauvre et l'ouvrier qui emploient la houille comme moyen de chauffage ? N'y a-t-il pas, là aussi, un intérêt sérieux dont il faille tenir compte ?

On se trompe tout autant à propos des taxes d'octroi.

La houille, à Reims, et dans un grand nombre de cités industrielles, ne paie aucun droit d'octroi.

Il y a longtemps que nous faisons chez nous ce que nous demandons au Gouvernement de faire pour le pays tout entier.

Quant aux fers nous espérons que les tarifs conventionnels à intervenir ramèneront à des proportions raisonnables une protection qui dépasse 30 0/0.

La Chambre de Commerce accepte sans objection le droit de 4 fr. 50 par hectolitre proposé sur les vins importés en France.

Ce droit ne saurait porter ombrage à notre commerce de vins de Champagne dont le vœu serait de voir réduire encore dans une mesure plus large les droits à l'entrée sur les vins étrangers, à la condition bien entendu d'obtenir une juste réciprocité.

Aussi la Chambre, confiante dans l'abaissement progressif des droits lorsqu'interviendront les traités particuliers avec chaque nation, n'hésite-t-elle pas à adopter le droit de 4 fr. 50 inscrit dans le projet de tarif général.

La seconde question qui nous est posée nous demande ce que nous pensons de la substitution des droits spécifiques aux droits *ad valorem*.

Nous estimons que cette reforme, malgré des inconvénients qu'il est impossible d'éviter, est excellente. Nous savons à merveille que la pratique ne permet pas de multiplier les catégories et que presque toujours les qualités fines se trouveront degrêvées au détriment des sortes communes. Malgré ces inégalités, nous n'hésitons pas à préférer les droits au poids aux droits à la valeur. La fraude désormais ne pourra plus se donner carrière. Les honnêtes gens ne seront plus assaillis par ces demandes de factures en double ou en blanc, de fausses factures enfin venant de l'étranger, qui les mettent souvent dans le plus cruel embarras. Les relations gagneront en moralité, et la concurrence déloyale aura un aliment de moins.

TROISIÈME QUESTION.

Que pensez-vous des surtaxes d'entrepôt maintenues dans l'art. 2 du projet de loi?

Nous avons applaudi à la suppression de la surtaxe qui frappait les laines du Cap et nous solliciterions la même faveur sur les laines d'Amérique, si les souffrances de la marine marchande ne nous déterminaient point à temporiser — nous espérons qu'un jour viendra où ces surtaxes disparaîtront entièrement.

QUATRIÈME ET CINQUIÈME QUESTION.

Traités de Commerce et clause de la nation la plus favorisée.

La Chambre de Commerce, en toute occasion, s'est prononcée pour le renouvellement des traités de Commerce et pour la clause de la nation la plus favorisée. — Elle disait en répondant à M. le Ministre de l'Agriculture et du Commerce à propos du traité avec l'Italie :

« Le système des traités, s'il enlève aux états la faculté de
» modifier les tarifs pendant la durée des traités, ne présen-
» tera jamais le péril qui résultera fatalement de la liberté
» dans l'établissement de ces mêmes tarifs.
« Dans l'autre système, on sera certainement exposé à
» voir les états, sous diverses influences, en présence notam-

» ment de nécessités financières, d'un déficit à combler, d'un
» budget à équilibrer, recourir aux tarifs élevés, les modifier
» pour les élever encore, s'ils le croient utile, et enlever
» ainsi aux transactions internationales toute sécurité. S'il
» fallait affirmer ce péril par un exemple frappant, il suffi-
» rait de rappeler ce qui s'est passé aux Etats-Unis d'Amé-
» rique et les efforts qui ont été faits récemment en
» France. »

Notre opinion ne s'est pas modifiée. Nous pensons toujours que, sans les traités, les opérations de longue haleine,
les agrandissements, les constructions nouvelles sont im-
possibles. Un tarif exposé à des variations inattendues serait
une entrave à tout progrès industriel.

Mais si nous nous prononçons en faveur de la conclusion
de nouveaux traités, nous demandons énergiquement que
dans ces conventions la réciprocité en matière de tarifs soit
scrupuleusement observée. Nous ne craindrions pas, nous le
répétons, un nouvel abaissement de droits sur les produits
étrangers, à la condition expresse toutefois que nos produits, eux aussi, jouiraient de la même réduction.

Dans le projet de traité avec l'Italie, cette règle que nous
voudrions absolue n'a point été observée. Nous croyons qu'il
y a là, pour le présent et pour l'avenir, un danger que nous
signalons à la Commission.

La clause de la nation la plus favorisée, quand les traités
ont été bien étudiés, bien cimentés, ne peut-être qu'un avantage. Nous en avons eu tout récemment, à l'occasion d'une
négociation avec l'Espagne, une preuve qui nous dispense
d'insister.

6° Enfin la dernière question qui nous est posée est celle-ci :
Que pensez-vous des admissions temporaires ?

Nous sommes loin de constester, en principe, les avantages
et les bienfaits du régime des admissions temporaires, et nous
comprenons parfaitement qu'en raison des droits élevés

d'autrefois, il ait nécessairement précédé les réformes libérales de 1860. Mais n'est-on pas sorti, dans l'application, des limites dans lesquelles la prudence et la raison commandaient de se renfermer?

Tout d'abord on n a eu qu'une préoccupation : favoriser l'exportation et donner en France un aliment de plus à la main d'œuvre, sans nuire au marché intérieur.

Ce résultat a été obtenu en permettant l'entrée en franchises de matières premières destinées à être transformées dans nos usines, *à charge toutefois de réexportation* — Puis bientôt, par extension, le même privilège a été accordé à des objets fabriqués n'attendant plus, pour être livrés à la consommation, que l'apprêt définitif sans lequel ils n'auraient pour l'acheteur aucun attrait. De cet apprêt, de cette dernière manutention dépend presque toujours la vente de l'objet fabriqué. Ncs rivaux étrangers le savent bien et de plus ils reconnaissent que nous avons sur eux, dans la teinture et l'apprêt des tissus par exemple, une supériorité incontestable. (Nous ne voulons traiter ici que ce côté de la question qui est le seul qui nous intéresse directement) — Nos concurrents du dehors nous envoient donc leurs tissus pour être teints et apprêtés.

Vous voyez tout de suite, Messieurs, combien déjà nous avons dévié. Ce ne sont plus en effet, des Français qui vont chercher au dehors une matière quelconque à transformer ; c'est le produit étranger qui s'introduit en France sans payer aucun droit et qui retourne au lieu de fabrication revêtu de la forme, du cachet français, sans lesquels il eut conservé une infériorité évidente et se fut vendu difficilement.

Où ce produit va-t'il se rendre? L'a-t'on envoyé au dehors pour le réexporter plus tard, ainsi que nous serions, nous, forcés de le faire? Nullement. Il s'écoule au pays même de la fabrication et nous retrouvons en lui, quand nons nous présentons sur le marché étranger, un article identique au nôtre, coûtant beaucoup moins cher, protégé par un droit de 10 0/0 et contre lequel nous ne pouvons plus lutter.

La main d'œuvre, en Allemagne et en Belgique, est de 30 à 40 0/0 moins élevée que la nôtre. Malgré cette énorme différence, malgré le droit de 10 0/0 dont notre fabrication est frappée, nous avions encore certains avantages particuliers qui nous permettaient de nous défendre. Nous nous sommes désarmés nous-mêmes au profit de nos adversaires et nous nous épuisons dans une lutte stérile. Est-ce ainsi qu'on entend favoriser l'exportation ? Mais ce n'est pas tout. Ces produits étrangers se vendent en France, en écru, concuremment avec les nôtres et les négociants français qui les achètent les exportent, après teinture, pour leur propre compte. La loi a été respectée, car la négociation s'est faite sous le couvert d'un véritable transit.

Cette fois le mal est plus grave : non-seulement ces tissus de laine venant d'Allemagne ou de Belgique ont pris la place des nôtres, mais le bas prix auxquels ils ont été vendus, puisqu'ils coûtent sensiblement meilleur marché que les tissus français, fait cours et déprécie d'autant notre fabrication.

Mais direz-vous, Messieurs, la main-d'œuvre afférente à la teinture et à l'apprêt reste en France et certainement, si l'admission temporaire n'existait pas ou cessait d'exister, on construirait à l'étranger des établissements qui dispenseraient nos rivaux d'avoir recours à nos teinturiers. Cela est exact. Mais savez-vous de combien la teinture et l'apprêt augmentent le tissu ? de 15 à 20 centimes par mètre, soit 8 à 10 0/0 ;

Nous sommes loin, comme vous le voyez, de la matière première dont les manutentions françaises doivent doubler la valeur au moment de la réexportation.

Croit-on, en effet, qu'il soit si simple de porter tout-à-coup une Industrie comme celle de la teinture et des apprêts à son dernier degré de perfection, dans des pays où les tâtonnements et les essais répétés n'ont rien produit de satisfaisant ?

Convaincue de la justesse des considérations qui précèdent,

la Chambre, sans se départir de l'opinion qu'elle a souvent émise en faveur du régime des admissions temporaires, pense toutefois qu'il y a lieu de formuler aujourd'hui une réserve au profit de la branche la plus considérable de l'Industrie Rémoise.

En ce qui touche les matières premières qui doivent recevoir en France des manutentions profitables à l'Industrie nationale, la Chambre émet, comme par le passé et sans réserve, un avis favorable à l'application du principe.

Mais, en présence des éventualités fâcheuses qu'elle redoute pour notre industrie, elle exprime en même temps le vœu que les admissions temporaires appliquées aux tissus soient contenues dans les limites réciproques d'une stricte égalité ; et si elle admet l'entrée en franchise de tous les tissus similaires aux nôtres qui viennent demander à nos ateliers de teinture et d'apprêt ce cachet précieux qui en facilite l'écoulement, qui procurent en même temps un avantage sérieux à des industries intéressantes, elle entend aussi poser la condition expresse, que ces mêmes tissus seront effectivement réexportés en pays étranger, autre que celui d'origine, et ne pourront en aucun cas retourner directement au lieu de production, sans acquitter à la sortie, un droit égal à celui que nous payons nous-mêmes à l'entrée, chez nos concurrents étrangers.

La même réserve s'applique au cas où les producteurs empreunteraient pour faire revenir au pays d'origine, les tissus admis temporairement en France, la voie d'un pays étranger que des traités de commerce antérieurs autoriseraient à faire entrer en franchise au lieu de production des tissus analogues.

En résumé, Messieurs, sous le bénéfice des réserves exprimées plus haut, c'est-à-dire en insistant sur la nécessité absolue de nouveaux traités, et en ne considérant le projet de Tarif général qui vous est soumis, que comme une base pour les négociations à intervenir, nous donnons notre approbation aux articles qui nous concernent. Le tarif dans son ensemble, réalise un véritable progrès. Il consolide, nous dit M. le Ministre du Commerce dans son exposé, la situation que quinze années de pratique d'un régime de liberté commerciale modérée ont créée dans notre pays.

Vous aimez trop, Messieurs, la liberté sous toutes ses formes pour restreindre, en quoi que ce soit, celle qui, peut-être, a le plus sûrement développé la vitalité et la richesse de la France.

Les Membres de la Chambre de Commerce de Reims.

Reims, le 8 Mai 1878.

REIMS. — IMP. ET LITH. F. KELLER, SUCCESSEUR DE E. LUTON.